www.ingramcontent.com/pod-product-compliance
Lightning Source LLC
Chambersburg PA
CBHW030710220526
45463CB00005B/1988
* 9 7 8 1 6 5 0 5 3 5 1 0 4 *